23
Tc 17.

ÉCONOMIE PUBLIQUE.

RAPPORT

FAIT A LA SOCIÉTÉ LIBRE D'ÉMULATION DE ROUEN,

SUR L'APPAREIL

ÉTABLI A L'HOSPICE-GÉNÉRAL

POUR L'EXTRACTION

DE LA GÉLATINE DES OS,

Par J. GIRARDIN,

PROFESSEUR DE CHIMIE, ET L'UN DE SES MEMBRES,

AU NOM D'UNE COMMISSION SPÉCIALE;

Lu à la séance du 15 avril 1833.

MESSIEURS,

Lorsque, dans votre sollicitude pour la classe laborieuse et pauvre de notre ville, vous publiâtes, en 1831, un rapport circonstancié sur les avantages que pourrait procurer l'établissement d'un appareil à la d'Arcet, pour l'extraction de la gélatine des os, vous aviez l'intime conviction que l'introduction de cette substance animale dans le régime alimentaire serait d'un grand secours pour l'administration municipale, qui, chaque année, dépense beaucoup d'argent pour soutenir les pauvres et les ouvriers sans travail (1). Vous savez que cette administration, qui met tant d'empressement à accueillir les innovations utiles, et qui sait les faire tourner à l'avantage du plus grand nombre, adopta, dans le courant de l'année dernière, une partie des propositions qui terminent votre rapport, et fit construire à l'hospice général, par les soins de M. Grouvelle, neveu de M. d'Arcet, un appareil propre à fournir 2,400 rations de 1/2 litres de dissolution gélatineuse par jour. Cet appareil, placé non loin des cuisines de l'hospice, a été achevé il y a deux mois environ, et s'il n'a pas encore travaillé d'une manière régulière, cela tient à des circonstances qu'il est inutile de mentionner ici.

Sur la proposition qui vous en fut faite, dans votre séance du 1er mars, par M. Girardin, vous avez chargé une commission composée de MM. Lebret, Léguillon et Girardin, de suivre les expériences qui devaient avoir lieu sous les yeux de M. Grouvelle, pour constater la qualité des produits (en dissolution gélatineuse et en graisse) fournis par cet appareil. Je viens aujourd'hui, Messieurs, au nom de cette commission, qui a bien voulu me

---

(1) Voir le *Rapport sur l'emploi de la Gélatine des Os dans le régime alimentaire des pauvres et des ouvriers*, lu à la Société libre d'émulation de Rouen, le 23 avril 1831, par M. GIRARDIN. Broch. in-18 de 67 pages: — Rouen, Beaudry, imprimeur, inséré dans le volume de la séance publique de 1831, de la Société d'émulation, page 107.

choisir pour son organe, vous faire connaître les résultats des essais entrepris.

Et d'abord, il ne sera pas inutile de vous présenter succinctement un aperçu des améliorations que l'on pourra introduire dans le régime quotidien des nombreux habitans de l'hospice général, en utilisant les produits de l'appareil qui y est construit. Cet appareil peut donner, comme je l'ai déjà dit, 1,200 litres environ de dissolution gélatineuse par 24 heures, par le traitement de 80 kilogrammes d'os.

Le service de l'hospice réclame journellement à peu près 900 litres de bouillon, répartis comme il suit :

	VIANDE.	BOUILLON
81 Employés à 1 livre de viande, cinq fois par semaine.	81 liv.	81 lit.
104 Pensionnaires à 1 livre de viande, cinq fois par semaine.	104	104
45 Militaires (terme moyen) à 1 livre de viande, sept fois par semaine. . .	45	45
389 Travailleurs et filles de service à six onces de viande et à 1 demi-litre de bouillon, trois fois par semaine. .	145	195
52 Malades (civils) à 1 livre de viande, sept fois par semaine.	32	32
1222 Habitans (commun) à 4 onces de viande et 1 tiers de litre de bouillon (ou près d'un demi-litre), trois fois par semaine.	306	405
120 Secours alimentaires au dehors, à 1 demi-litre de bouillon, trois fois par semaine.	32	60
Totaux.	745	922

Les femmes ne consommant pas toute la quantité de viande qui leur est affectée, on ne doit guère compter que sur 600 ou 650 livres de viande par jour.

Le premier emploi de la gélatine, jusqu'à ce qu'on connaisse parfaitement la manière de l'utiliser, doit être d'améliorer les soupes inférieures du *commun*, des travailleurs et des secours alimentaires.

Pour le *commun*, en substituant la dissolution gélatineuse à l'eau dans la confection des bouillons distribués 3 fois par semaine, on pourra, tout en augmentant la force du bouillon, supprimer à chaque fois 35 livres de viande, ce qui fera 105 livres de viande en tout, et ces 105 livres, partagées en deux, serviront à aromatiser la soupe aux légumes des lundis et mercredis, où l'on mettra de la gélatine au lieu d'eau. Les vieillards auront ainsi de la soupe au bouillon *cinq* fois par semaine, au lieu de *trois*.

La même méthode sera appliquée aux secours alimentaires; ou bien avec la même quantité de viande on fera le *double* de bouillon, et on le distribuera à un *nombre double* de vieillards.

Quant aux travailleurs, on pourra diminuer seulement, sur la quantité de viande employée à leur bouillon, 40 livres par jour, qui serviront à convertir en bouillon, au moyen de légumes, suivant la formule donnée par M. Grouvelle (1), les

---

(1) Voyez l'Instruction sur la conduite de l'appareil à extraire la Gélatine, *Recueil industriel, manufacturier et des beaux-arts*, publié par M. de Moléon, n° 63, mars 1832, p. 201.

200 ou 250 litres de dissolution gélatineuse excédant chaque jour les besoins de l'hospice.

Ces 200 litres pourront être mis à la disposition de l'administration municipale, pour être employés soit dans les prisons, soit dans les bureaux de charité; et en ne les comptant qu'à 10 centimes le litre (*a*), il n'en résultera pas moins que, sans rien changer au service de l'hospice, la ville sera couverte des frais d'établissement de son appareil dans un an à peu près.

Quant au reste du service des bouillons de l'hospice, lorsque l'on aura amélioré ainsi, par l'emploi de la gélatine, le bouillon, aujourd'hui très inférieur, on s'en servira dans la préparation de toutes les soupes, en supprimant moitié de la viande. Sur cette moitié, qui s'élèvera à 150 livres au moins, et qui donne actuellement 75 livres de bouilli; on pourra mettre en rôti ou en bœuf à la mode 115 livres environ, qui donneront encore 75 livres de viande cuite, et on retranchera du service 35 livres de viande. Ces 35 livres, du prix de 40 centimes, font 14 francs, à ajouter à 10 ou 12 livres de graisse d'os qui se vend à Paris près de 1 franc, pour accommoder les légumes et que l'on peut compter à 50 centimes la livre ou à 6 fr., ce qui en tout donnera 20 fr., somme qui couvrira les frais de combustible (soit 2 hectolitres de houille à 4 fr. l'hectol.) et de main-d'œuvre.

Nous avons admis que l'hospice a besoin de toute la quantité de viande cuite qu'il obtient aujourd'hui; mais par la distribution de 5 soupes au bouillon au lieu de 3, au commun, on verra nécessairement diminuer la quantité de viande (que les femmes surtout consomment), et dans les autres parties du service, on trouvera aussi la possibilité de réduire cette consommation, surtout sur les militaires, toutes les fois qu'ils seront nombreux.

Ainsi, au moyen de l'appareil, on aura, sans aucune augmentation de dépenses,

1° Donné cinq soupes au bouillon, bien plus animalisées, au lieu de trois, aux 1,200 vieillards de l'hospice ;

2° Doublé la distribution des secours alimentaires ;

3° Distribué une portion de rôti, de bœuf à la mode, et de gelées, aux employés, aux malades ;

4° Livré à l'administration municipale 200 litres de bouillon par jour.

Je n'ai pas besoin d'insister, après les détails précédens, sur les avantages que produira, tant pour l'hospice que pour l'administration, l'adoption des appareils de M. d'Arcet.

Maintenant il faut démontrer, Messieurs, que les bouillons préparés, ainsi qu'il a été dit, avec la dissolution gélatineuse au lieu d'eau, sont tout aussi bons que les meilleurs bouillons confectionnés avec 4 fois plus de viande par les procédés ordinaires. Je ne puis mieux faire que de vous donner connaissance du procès-verbal qui a été dressé, le 10 avril, des expériences faites à l'Hospice devant les autorités et un certain nombre de personnes attirées par la curiosité. La lecture de cette pièce intéressante suffira, je pense, pour détruire les préventions que beaucoup de personnes pourraient avoir encore contre les préparations à la gélatine, bien que ces préventions ne reposent sur aucun fait concluant.

PROCÈS-VERBAL.

Copie du procès-verbal de la préparation des bouillons et soupes à la gélatine, faites à l'hospice général de Rouen, le 10 avril 1833, en présence de M. le Préfet de la Seine-Inférieure, de MM. les Adjoints à la Mairie, de l'Administrateur de l'Hospice, de l'Administration des Prisons, de la Commission de la Société d'émulation, du Pharmacien en chef de l'Hôtel-Dieu, des deux Médecins des Prisons et de plusieurs Manufacturiers.

On remarquera d'abord que M. Grouvelle, n'ayant pu avoir des os en quantité suffisante pour remplir un cylindre, avant mardi matin, et n'ayant pu en remplir deux que le mercredi 10 avril, il a été impossible de mettre l'appareil entier en activité, et, par conséquent, d'avoir une dissolution gélatineuse de force constante. Il résulte de là que l'on ne peut savoir si cette dissolution est exactement au degré de force nécessaire pour que le bouillon soit bon, et que, cependant, la viande ne rougisse pas; car l'on sait que la viande rougit dès que la dissolution est trop forte, sans cependant rien perdre de sa qualité (*b*).

On a donc procédé, avec la gélatine obtenue d'un seul cylindre, et qui était limpide et douce, aux préparations suivantes :

N° I.

On a mis dans une marmite 20 litres de dissolution gélatineuse, avec 5 livres de viande de boucherie qu'on a fait écumer, et salé avec 5 onces de sel; puis on a ajouté 2 liv. 3/4 de légumes : carottes, navets, céleri, poireaux, oignons, etc., fait le bouillon comme à l'ordinaire pendant 5 heures sur le feu, un peu de caramel pour colorer, n'ayant pas d'oignons séchés au four, ce qui est préférable.

N° II.

On a préparé du bouillon pour les militaires avec une livre de viande, par litre d'eau, écumé et salé avec cinq onces de sel, et ajouté des légumes, fait bouillir pendant 5 heures, coloré avec du caramel.

N° III.

On a mis dans une marmite 20 litres de dissolution gélatineuse, avec 4 livres de viande, écumé, salé avec 5 onces de sel, 2 livres de légumes; au feu pendant 5 heures et mis un peu de caramel.

N° IV.

On a mis dans une marmite 20 litres d'eau, on a ajouté 5 livres de viande, prise au même morceau du bouillon n° 3, écumé, salé avec 5 onces de sel, 2 livres de légumes, au feu pendant 5 heures et coloré avec du caramel.

N° V.

On a mis dans une marmite 15 litres de dissolution gélatineuse, 4 livres de légume, tels que pommes de terre, carottes, poireaux, céleri, oignons et navets, au feu pendant trois heures, et coloré avec un peu de caramel, ajouté 2 onces de graisse d'os.

(La graisse extraite des os, dans le cylindre, et purifiée, a été trouvée très belle et très bonne.)

N° VI.

On a fait crever une livre de riz à l'eau, salé, et ajouté environ un litre de bouillon à la gélatine n° I.

(Le riz et la julienne ont été trouvés très bons par tout le monde).

(On remarquera que dans le bouillon n° 3 on a mis, au lieu de 20 litres de dissolution gélatineuse, 15 litres seulement, et 3 litres d'eau, dans la crainte que la dissolution ne fût trop forte. Circonstance qui explique la différence très grande que l'on a trouvée dans les bouillons n° 1 et 3).

(Les bouillons n° 1 et 2 ont été jugés aussi bons que le meilleur bouillon de ménage, par toutes les personnes présentes à ces expériences.

Ont voté pour le N° 1,

MM. Le Préfet ;
Jeulin, régisseur des prisons ;
Gambu-Delarue, administrateur des prisons ;
Martin, manufacturier ;
Bonnet, secrétaire-général de la Préfecture ;
Desbois, chirurgien-adjoint des prisons ;
Lebouvier, administrateur des prisons.

Ont voté pour le N° 2.

MM. Girardin, membre de la commission de la société d'émulation (pour cause de l'arôme seulement) ;
Lepicard, administrateur, surveillant l'hospice général (a trouvé le N° 1 presque aussi fort) ;
Lebret, pharmacien, membre de la commission de la société d'émulation ;
Lelong, adjoint à la Mairie ;
Vingtrinier, chirurgien en chef des prisons ;
Moutier, secrétaire-particulier du Préfet.

Ont mis les N°s 1 et 2 sur le même rang,

MM. Blanche, chirurgien en chef de l'hospice général ;
Leroy, pharmacien en chef des hospices ;
Léguillon, pharmacien, membre de la commission de la société d'émulation.

Ont mis le N° 3 au 2ᵉ rang,
MM Jeulin, Lebouvier, Moutier.

Les personnes dont les noms sont cités plus haut, plus M. Destigny, adjoint, ont signé le procès-verbal.

M. Destigny s'est abstenu de voter, parce qu'il avait eu d'avance connaissance des numéros qui indiquaient la qualité des bouillons.

Toutes ces espèces de bouillons ont été mises dans des tasses numérotées, sans désignation de l'espèce du bouillon, et dégustées ainsi avec toute liberté de jugement.

<small>Timbré du timbre de la mairie.</small>   Pour copie conforme,
Le maire de Rouen, DESTIGNY, *adjoint*.

Voilà donc 7 personnes sur 16 qui proclament le bouillon fait avec 1/4 de livre de viande par litre de dissolution gélatineuse (N° 1), supérieur au bouillon préparé avec 1 livre de viande par litre d'eau (N° 2), et 3 personnes qui le trouvent absolument identique à ce dernier; et d'un autre côté, ces 16 personnes reconnaissent unanimement la supériorité d'un bouillon fait avec 1/5 de livre de viande par litre de dissolution gélatineuse (N° 3), sur un autre préparé avec 1/4 de livre de viande par litre d'eau.

J'ajouterai, pour compléter le document précédent, que les bouillons N°ˢ 1 et 2, confectionnés par les soins des dames religieuses de l'hospice, qui ont mis le plus grand empressement à aider

M. Grouvelle dans ses expériences (c), ont été jugés aussi bons que le meilleur bouillon de ménage, et que les bouillons à la gélatine avaient l'apparence la plus flatteuse à l'œil, c'est-à-dire la couleur et la limpidité qu'on recherche dans ces sortes de préparations. Le N° 3 avait peut être une teinte trop foncée, due à un excès de caramel, employé à sa coloration.

Le vendredi 12 avril, M. Lefêvre, adjoint au Maire, et l'un des administrateurs de l'hospice, qui n'avait pu assister aux expériences du mercredi, en fit faire de semblables, qui eurent les mêmes résultats. Le bouillon à la gélatine fait avec 1/4 de viande seulement fut trouvé aussi agréable, aussi fort et aussi beau que le bouillon préparé avec 3 fois plus de viande, par toutes les personnes présentes, savoir : MM. Lefêvre ; Destigny, adjoint ; Lepicard, administrateur de l'hospice ; Gervais, directeur de l'hospice, et les dames religieuses de la maison.

Ainsi se trouve confirmé par des expériences authentiques, dirigées avec autant de soins que de bonne foi, ce que M. d'Arcet et les personnes qui partagent ses convictions n'ont cessé de soutenir, que la gélatine, préparée convenablement et associée à une petite quantité de viande ou à des légumes, peut fournir des mets aussi substantiels et aussi agréables que ceux qu'on prépare habituellement avec une bien plus forte proportion de viande ; ou des mets bien supérieurs à ceux dans lesquels il n'entre que des substances végétales.

Il y a long-temps que la question des avantages de l'introduction de la gélatine dans le régime alimentaire, est résolue affirmativement par toutes les personnes qui ont voulu l'étudier avec conscience, et qui ne sont pas placées sous l'influence de préventions irréfléchies. Si une opposition qui d'abord paraissait assez vive, s'est élevée, dans ces derniers temps, contre l'emploi de la substance nutritive des os, on ne doit pas s'en étonner, lorsqu'on se rappelle les difficultés qu'ont éprouvées les hommes honorables qui ont essayé les premiers d'introduire dans notre pays l'usage de la pomme de terre et du sucre de betteraves. Que d'efforts, que de luttes n'ont-ils pas eu à soutenir pour convaincre les esprits des bonnes qualités du premier de ces alimens, et de l'identité du second avec le sucre de cannes. Louis XVI et Parmentier, Napoléon et Chaptal n'ont-ils pas été bien des fois sur le point de succomber dans leurs louables tentatives pour répandre l'emploi de ces deux substances, qui maintenant rendent tant de services à l'économie domestique, aux arts et à l'agriculture? Ce qui s'est passé il y a une quarantaine d'années, à l'égard de ces auxiliaires puissans de notre alimentation, se reproduit aujourd'hui, Messieurs, par rapport à la gélatine, et se reproduira à d'autres époques, quand il s'agira de faire adopter un nouvel usage; car il existe et il existera toujours des hommes opposés à toute amélioration, ou qui se laisseront guider par des vues systématiques.

Quelle valeur, au reste, accorder aux raisonnemens des adversaires de l'emploi de la gélatine ? S'ils étaient basés sur des expériences concluantes, ou au moins sur des inductions théoriques de quelques poids, on pourrait y accorder quelque attention, les méditer et en profiter pour améliorer le système d'alimentation proposé par M. d'Arcet. Mais non; jusqu'à présent les opposans n'ont avancé, à l'appui de leurs opinions, que des considérations spéculatives assez vagues, n'ont pu produire le moindre fait exempt de critique, et se sont bornés à des dénégations. Or, ce n'est pas ainsi qu'on peut, dans notre siècle tout positif, combattre, avec avantage, une doctrine, une assertion, une pratique. On s'est beaucoup autorisé, toutefois, de l'abandon des appareils de M. d'Arcet dans un ou deux hôpitaux de Paris, où ils avaient fonctionné pendant quelque temps, pour soutenir la lutte commencée contre la gélatine; mais cet abandon n'a pas l'importance qu'on veut bien y attacher. Qui ne sait que les meilleurs procédés, mal exécutés volontairement ou par négligence, ne donnent que de mauvais résultats? Pourquoi, dans d'autres hôpitaux de Paris et dans d'autres villes des départemens (Reims, Remiremont, Lille, Metz, etc.)(*d*), ces mêmes appareils donnent-ils d'excellens produits qu'on sait utiliser avec profit? Il y a donc eu des causes particulières qui ont amené l'abandon de ces appareils à la Charité et à l'Hôtel-Dieu. Quelles sont elles? Nous les connaissons; mais nous les tairons, en nous bornant à affirmer qu'elles sont loin de porter atteinte à la bonté du système d'alimentation que nous défendons.

Les résultats de plusieurs années d'expériences, les recherches physiologiques de MM. Edwards et Balzac, les lumières de la chimie, tout tend à démontrer que la gélatine est une substance nutritive, dont on doit chercher à tirer parti pour améliorer le régime des pauvres et des ouvriers. Et remarquez encore l'inconséquence de ceux qui nient trop légèrement cette vérité incontestable. Ils ne peuvent se refuser à admettre ce qui a été reconnu de tout temps, que les substances végétales sont moins nourrissantes que les substances animales, et que, parmi ces dernières, celles qui contiennent le moins d'azote sont aussi moins propres à soutenir les forces de l'homme que celles dans lesquelles ce principe abonde : et cependant ils repoussent la gélatine, qui est, parmi les matières organiques une de celles qui renferment le plus d'azote.

Je viens de citer, il n'y a qu'un moment, les recherches physiologiques de MM. Edwards et Balzac; comme ces recherches sont de la plus haute importance pour la question qui nous occupe, et qu'elles ne sont pas encore très connues, je vous demande, Messieurs, la permission de vous en indiquer les principaux résultats.

Vous vous rappelez tous, sans doute, que M. Donné, jeune chimiste de Paris, avantageusement connu dans les sciences, a présenté à l'Institut, dans la séance du 6 juin 1831, un mémoire sur l'emploi de la gélatine, dans lequel il a élevé des doutes sur les propriétés nutritives de cette substance, en s'appuyant sur quelques expériences dont les résultats semblaient opposés à ceux des essais antérieurs. En examinant et discutant attentivement ces expériences, il n'a pas été difficile de démontrer qu'elles n'ont aucune valeur (1), et il paraît que M. Donné en a été convaincu, car, depuis son premier mémoire, il n'a pris aucune part à la lutte qu'il avait si légèrement soulevée contre la gélatine. Quelque temps après, M. Edwards, membre de l'Institut, et l'un de nos plus habiles physiologistes, aidé de M. Balzac, docteur en médecine, entreprit, dans le silence du laboratoire, une série de recherches expérimentales pour reconnaître, par lui-même, jusqu'à quel point la gélatine possède la faculté nutritive. Les essais eurent lieu sur des chiens, dont l'alimentation se rapproche le plus de celle de l'homme, et qui, depuis leur domesticité, ont toujours partagé la nourriture de ce dernier à toutes les époques de la société; la gélatine inférieure et la gélatine alimentaire furent données à ces animaux, toujours associées à un autre aliment, le pain, par suite de cette considération qui est d'une importance ex-

---

(1) Voir à cet égard la réponse de M. D'Arcet au Mémoire de M. Donné, inséré dans le *Recueil industriel* de M. de Moléon, année 1831. (Ce recueil paraît une fois par mois; chaque livraison renferme 6 à 7 feuilles et 3 ou 4 planches. Le prix de la souscription est de 30 fr pour Paris, 36 fr. pour l'étranger. Le Bureau central est rue Neuve-des-Capucines, n° 13 bis, à Paris

trême, que la substance la plus nutritive, employée seule, cesse bientôt de remplir le but qu'on en attend, comme l'attestent assez les expériences de M. Magendie et une foule d'autres, qui ont été faites depuis. Les résultats des nombreux essais de MM. Edwards et Balzac sont les suivans :

1° Le régime de pain et de gélatine est nutritif, mais insuffisant ;

2° La gélatine associée au pain a une part effective dans les qualités nutritives de ce régime ;

3° Le régime de pain et de bouillon de viande, remplaçant la solution de gélatine, est susceptible d'opérer une nutrition complète, c'est-à-dire d'entretenir la santé et de développer le corps ;

4° L'addition de bouillon, en petite proportion, au régime de pain et de gélatine alimentaire, le rend susceptible de fournir une nourriture complète, c'est-à-dire d'entretenir la santé et de dévélopper le corps.

« Des quatre propositions qui composent nos
» conclusions, disent MM. Edwards et Balzac, en
» terminant leur mémoire, il y en a trois qui sont
» établies sur des résultats absolus, et qui fournis-
» sent directement les données requises pour l'ap-
» plication pratique. Je ne citerai que la dernière,
» parce que c'était le but définitif de toutes nos re-
» cherches sur cette question.

» On a proposé comme aliment salutaire et à
» bon compte un bouillon fait avec la gélatine ex-
» traite des os, et un quart de la quantité de viande

» employée pour le bouillon ordinaire. Nous avons
» obtenu, avec une solution de gélatine extraite des
» os et une bien moindre proportion de bouillon de
» viande que celle qui est recommandée et usitée,
» des effets nutritifs tellement énergiques, que nous
» n'avons pas vu de différence entre les deux es-
» pèces de bouillon. »

Assurément les partisans de l'emploi des mets gélatinisés ne pouvaient désirer des résultats plus concluans que ceux obtenus par MM. Edwards et Balzac dans des recherches physiologiques exécutées avec autant de sagacité que de conscience.

Ces données de la science s'accordent trop bien avec ce que la pratique a démontré pour qu'il reste encore le moindre doute dans l'esprit des personnes même les plus prévenues. Ce n'est donc pas sans une bien vive satisfaction que nous avons vu les idées de M. d'Arcet, que nous avons embrassées un des premiers, et soutenues par nos discours et nos écrits, corroborées par des faits d'une aussi haute portée.

Je me hâte de terminer ce rapport en mettant sous vos yeux les comptes de revient des différens mets qui ont été préparés devant vos commissaires, lors des expériences dont je vous ai fait connaître les résultats :

1° La dissolution gélatineuse pure ne revient qu'à un centime le litre, comme on va le voir par le compte ci-dessous.

Prix de revient de la dissolution gélatineuse pour 1,200 litres par 24 heures.

Os, 80 kilog., à 8 f. les 0/0 kilog..	6 f. 40 c.
Charbon de terre, 2 hect. à 3 f. 50 c.	7 »
2 journées, à 1 f. 20............	2 40
Menus frais............»....	1 »
	16 f. 80

A déduire graisse d'os de 1re qualité, 5 kil. à 1 fr................. 5
Résidu d'os, 60 kil. à 2 f. 50 c. les 100................... 1 50
} 6 f. 50

Prix net des 1,200 litres de dissolution. 10 f. 30 ou moins d'un centime le litre.

2° Le litre de bouillon à la gélatine avec 1/5 de livre de viande par litre ne revient qu'à 6 centimes 1/5.

Prix de revient du bouillon avec 1/5 de livre de viande par litre.

1,000 litres de dissolution gélatineuse.	10 f. »
100 kilogrammes de viande de boucherie, à 70 c.................	70 »
Légumes, 40 kilog. au maximum...	11 »
Gros sel blanc, 5 kilog. 3/4, à 50 fr.	2 90
Oignons brûlés, 1/2 livre, à 80 c...	» 40
Charbon du Bain-Marie, 3/4 d'hectol.	2 50
Main-d'œuvre, une journée........	1 20
	98 f. »

Report. . . . . 98 f. »

à déduire viande cuite, 35 kilog. à
1 fr. . . . . 35 } 36 60
Os, 20 kil. 1 60

Revient des 1,000 litres de bouillon. 61 f. 40 ou 6 centimes 1/5 le litre.

3° Le litre de bouillon de viande revient à 17 cent. 1/2.

Prix de revient du bouillon de viande, à une livre de viande par litre.

    500 kilog. de viande à 70 c. . . . 350 f. »
    Légumes. . . . . 11 »
    Sel. 2 90
    Oignons brûlés. . . . . » 40
    Charbon. 2 50
    Main-d'œuvre. 1 20
                                                 368 f. »

A déduire 185 kilogr. de viande
cuite. 185 » } 193 »
100 kil. d'os. . . . . 8 »

Revient des 1,000 litres de bouillon
à la viande. . . . . 175 f. »
ou 17 c. 1/2 le litre.

4° La julienne à la gélatine ne revient qu'à 4 c. 1/2 le litre.

Prix de revient de la julienne à la gélatine.

1,000 litres de dissolution gélatineuse. 10 f. »
250 livres de légumes (pommes de
terre surtout)..................... 25 »
 Sel........................... 2 90
 Graisse, 4 kilog., à 1 fr.......... 4 »
 Charbon...................... 2 50
 Main-d'œuvre................. 1 20
             45 f. 60

ou 4 cent. 1/2 le litre.

5° Le litre de soupe au riz ne revient qu'à 6 c. 1/4 le litre.

Prix de revient de la soupe au riz, au bouillon, pour 1,000 litres.

 150 livres de riz, à 24 fr. les 0/0.... 36 f. »
 Légumes...................... 7 50
 Viande pour le bouillon, 14 kilog. à
70 c. (très grasse)................ 9 80
 Sel, 25 livres à 26 c............... 6 75
 Charbon, 66 kil................. 2 75
             62 f. 80

ou 6 cent. 1/4 le litre.

 Ces résultats ont été obtenus à Lille, sur une fabrication de 30,000 litres.

 A la suite de ces comptes, nous placerons, pour vous donner une idée de la force et de la nature des soupes maigres que l'on fait à l'hospice pour le *commun*, le compte de revient qui nous a été communiqué par un des administrateurs de cette maison.

Prix de revient de la soupe maigre, pour 500 litres, ou 1,000 rations.

Beurre, 7 livres, à 80 c............	5 f. 60
Sel, 8 livres...................	1 60
Pommes de terre, 40 livres........	1 50
Charbon......................	» 50
	9 f. 20

ou 1 cent. par ration, sans le pain.

Il est évident qu'une soupe pareille n'est, pour ainsi dire, que de l'eau, dans laquelle trempe du pain, et qu'elle ne peut servir qu'à tromper la faim et non à la satisfaire. Or, on la distribue 4 jours par semaine aux vieillards de l'hospice. Nous croyons qu'ils sauront apprécier, très aisément, la différence qui existe entre cette soupe et celle à la gélatine, qu'on ne tardera pas, sans doute, à leur donner (*e*).

Ici, Messieurs, se termine la mission que vous nous avez confiée; nous désirons l'avoir remplie suivant vos désirs.

Signé J. GIRARDIN, *rapporteur*;
LEBRET, *pharmacien*;
LÉGUILLON, *pharmacien*.

Pour copie conforme :

Le Président de la Société d'émulation de Rouen,
E. Hyacinte LANGLOIS.

NOTES.

(*a*) Il revient, à qualité égale, à 17 cent. le litre, ou à qualité très inférieure, à 12 cent.

(*b*) Il est certain que la dissolution employée n'était pas trop forte, car la viande n'a pas rougi.

(*c*) Je ne puis laisser échapper cette occasion de dire ici combien les soins extrêmes de madame la supérieure, et en particulier de madame B., qui est spécialement chargée du service de la cuisine, ont été utiles, et, pour prévenir tout préjugé et tout dégoût contre la gélatine des os, et pour donner aux produits toute la qualité qu'on leur a trouvée, il est impossible d'apporter, dans d'aussi importantes épreuves, plus de conscience, de loyauté et de zèle que ces dames ne l'ont fait.

(*d*) Dans le cours du dernier hiver, à l'hospice des vieillards de la ville de Metz, où est employé un appareil à la gélatine, on avait suspendu le travail de cet appareil pendant quelques jours pour cause de réparations. Cette suspension occasiona un commencement d'insurrection parmi les vieillards que l'on remettait momentanément à leur ancien régime, si peu agréable et si peu substantiel ; il fallut se hâter de reprendre le régime à la gélatine : et cependant le bouillon qu'on leur donne est préparé sans viande de bœuf, mais seulement avec de la dissolution gélatineuse, quelques légumes que l'on place dans les cylindres mêmes, et une petite quantité de viande de porc.

Je tiens ces faits de M. E. Bouchotte, ancien maire de Metz, qui m'a confirmé de nouveau une diminution remarquable dans la mortalité et le nombre des maladies parmi les vieillards, depuis l'emploi de la gélatine.

(*e*) Pour compléter ce que M. le Rapporteur dit des soupes

maigres de l'hôpital de Rouen, nous ajouterons ici la composition de la soupe maigre avec laquelle on nourrit pendant toute l'année, excepté deux ou trois jours de fête, les condamnés renfermés dans la plupart des maisons de détention de la France. On observera que cette soupe, que nous avons goûtée à Rouen, était faite, sous la surveillance active des administrateurs, avec beaucoup de soins et aussi bonne que peut l'être une soupe entièrement végétale; mais elle ne peut suffire à la nourriture d'hommes faits, ni de jeunes gens qui se développent. Aussi avons nous remarqué que, pour rendre cette soupe plus nourrissante, les jeunes détenus, même ceux de 8 à 10 ans, étaient obligés d'y mettre une quantité énorme de pain.

Soupe maigre pour 100 *détenus.*

1 kil. 50 sel, à 34 f..................	» f.	50 c.
Légumes frais, choux, poireaux.......	1	»
Légumes secs.		
7 ½ décal. de pommes de terre à 3 f. l'hect.	2	25
Ou 10 litres fèves, pois, à 22. 2 f. 20 c.		
Ou 5 kil. riz, à 60 c........ 5 »		
1 pain blanc pour la soupe, à 5 décag. par individu, à 30 cent. le kil..........	1	50
Chauffage, 2 ½ décal. charbon et un petit coteret........................	1	25
Ensemble, les 100 lit. pour 100 détenus...	8	»

ou 8 cent. *le litre par détenu.*

On voit qu'en ajoutant 100 litres de dissolution gélatineuse, qui ne coûte que 1 centime ou 1 franc pour les 100 détenus, on leur donnerait une soupe excellente, parfaitement substantielle et saine; et si la dépense ne pouvait pas être augmentée de 1 centime par individu, il vaudrait encore mieux diminuer $\frac{1}{8}$ sur la quantité de soupe qu'on leur donne, pour payer l'addition de dissolution gélatineuse.

Quant aux malades et aux travailleurs, on leur donne un bouillon fait avec,

Viande de bœuf, 12 ½ kil., à 12 ½ décag. par individu, à 60 cent. le kil........................	8. »
Sel, 1 kilog. ½	0. 410
Poivre, 16 grammes..................	0. 064
½ botte de poireaux....................	0. 200
½ botte de carottes....................	0. 200
5 kilog. pain blanc, à 5 décag. par individu.	1. 500
Bois pour la cuisson...............	0. 66
	11. 66

ou 12 centimes le litre.

On a vu que le litre de bouillon à la gélatine, première qualité, avec ¼ de livre de viande, ne revient qu'à 6 cent. ½; il serait donc très facile, en employant la gélatine dans le régime de la prison, d'économiser sur le bouillon des malades, tout en le faisant beaucoup meilleur qu'il n'est aujourd'hui, c'est-à-dire aussi bon que du bouillon de ménage, en supposant que sur 300 détenus, nourris à la soupe maigre, il y en ait seulement 50 nourris au bouillon, et il y en a plus, d'économiser, dis-je, 3 fr. pour animaliser à la gélatine la soupe maigre de ces 300 prisonniers.

(*Ces diverses Notes sont de M. Grouvelle.*)

S'adresser, pour la construction des appareils à extraire la gélatine des os, et des bains-marie pour fabriquer le bouillon, à M. Ph. Grouvelle, ingénieur civil, rue des Beaux-Arts, N° 2, à Paris, qui en a déjà construit un grand nombre.

VERSAILLES, IMPRIMERIE DE MARLIN, AVENUE DE SAINT-CLOUD, N° 3.

www.ingramcontent.com/pod-product-compliance
Lightning Source LLC
Chambersburg PA
CBHW060635050426
42451CB00012B/2609